Kathrin Henschel

ECHOS

kleine (Un)Gereimtheiten

Bibliografische Information der Deutschen Nationalbibliothek

Die Deutsche Nationalbibliothek verzeichnet diese Publikation in der Deutschen Nationalbibliografie; detaillierte bibliografische Daten sind im Internet über http://dnb.d-nb.de abrufbar.

1. Auflage 2008

Herstellung und Verlag: Books on Demand GmbH, Norderstedt

Satz, Layout und Umschlaggestaltung: Andreas Henschel

ISBN: 978-3-8370-4260-3

Widmung

Dies ist für diejenigen, die es inspirieren,
für die, die mich liebten und noch immer lieben,
für die, die ich ertragen musste zu verlieren,
und vor allem für all jene, die blieben.

Vor dem Regal

Hier stehen zwei Meter Bücherwand,
mit vielen kleinen Meisterstücken,
in langen Jahren zusammengetragen.
In diesen geliebten Büchern stand,
was ich nicht schaffte auszudrücken,
und Antwort auf so viele Fragen,
in all den treffenden Gedichten,
wenn ich den Reim nicht selber finde,
und den gut versteckten Sinn
in den ganz großen Geschichten.
Nur von dem, was ich jetzt empfinde,
steht hier leider kein Wort drin.

Tanz

Es ist nicht nötig, dass er mich berührt,
nicht einmal fast wie aus Versehen,
wenn ein jeder Blick verführt,
auch ohne tiefer hinzusehen.
Möchte ihm Zärtlichkeit geben,
und weiß nicht, ob er sie nimmt.
Es ist kein Platz für mich in seinem Leben,
(ungern weiß ich, dass es stimmt)
-und er passt auch nicht in meins.
Es gelingt mir nicht, es zu verstehen,
und ich weiß, mir bleibt nur eins:
hier zu sitzen und ihm zuzusehen,
unfähig den Blick abzuwenden
von seinem Körper im Tanz.
Würde gerne diese Spinnerei beenden,
und wünschte doch, ich hätte ihn ganz.

Es jagt mir manchmal richtig Angst ein,
wie viel ich gäbe für dich.
Nur um dir wirklich nah zu sein
Und zu wissen: du meinst mich.
In meinen Träumen sehe ich,
und weiß nicht, inwieweit es stimmt,
aufopfernd, in deiner Nähe, mich.
Du bist die Hand, die nimmt.
Du bist die Hand, die zärtlich ist,
und dabei doch nichts gibt.
Und sage ich: ich habe dich vermisst,
sagst du: ich hab dich nie geliebt.
An dieser Stelle bin ich aufgewacht.
Du kennst all meine Träume nicht.
Ich bin das Gesicht, das lacht,
und manchmal, leise, dies Gedicht.

Ich sitze hier. Der einzige Klang
Ist der von sich aufrichtendem Gras,
das, es ist noch gar nicht lang,
von jemand, der hier saß,
um dann schnellen Schrittes weiterzueilen,
zur Erde niedergedrückt worden ist.
Er beschloss nicht mehr zu verweilen
Und will nicht dass man ihn vermisst.
Das Gras sieht beinahe aus wie vorher.
Leider gilt das nicht für mich.
Ich sitze hier. Was will ich mehr?
Es ist sehr friedlich ohne dich.

Du hast mir meine Liebe nie verziehen,
vielleicht auch nur nicht, dass ich davon sprach.
Du hast mir nie dein Herz geliehen,
und ich werf dir meins jetzt auch nicht nach.
Ich wüsste manchmal gern , wo meine Fehler
lagen,
und weiß nicht mal, ob du sie selber kennst.
Ich würd dich eigentlich gern einfach fragen,
und glaub doch nicht, dass du sie mir nennst.
Es gelingt mir kaum, mit dir zu sprechen,
du nimmst mich meistens nicht mal wahr.
Ich werd bestimmt nicht dran zerbrechen,
dass nicht mehr ist, was niemals war.
Man kann sich an so vieles gewöhnen,
auch an Zurückweisung vielleicht.
Nur um mich damit wirklich auszusöhnen
Hat meine Kraft noch nie gereicht.

Alte Frau

Sonn unter
gang
durch Wald
wege
federn
gelassen
heit
verloren
die Zeit
zum Neuanfang
zu alt

Wenn ein einst vernommener Klang
wieder ertönt; bei jedem Ende, jedem Neuanfang;
wenn ein Zauber jäh durchbrochen wird;
wenn eine Seele ihren Halt verliert;
wenn der, in dem die Worte schreien, schweigt;
wenn wir verzweifeln; wenn uns der Frühling
zeigt,
wie viel Leben und Farbe im Winter erfroren war;
wenn wir die Chance erhalten, die verloren war;
wenn wir merken, wie viel Sanftheit wir
zerstören;
wenn wir glauben, nirgendwo dazu zu gehören;
wenn ein Wir zum Du und Ich zerbricht,
entsteht aus Schmerz und Trauer ein Gedicht.

Traurig

Hinterm Fenster voller Tropfen
und dann ein schneller Zoom zurück,
viel zu weit um anzuklopfen
-fernes, fremdes Glück.
Hinterm Fenster ein Gesicht
und die andern hinterm Regen.
Keine Hoffnung im Wetterbericht
und es gibt gar nichts dagegen.
Und das alles in dir drin,
ohne dass es einer sieht.
Vielleicht sieht auch keiner hin,
keiner, der dich näher zieht,
versucht, den Zoom zurückzudrehen.
Manchmal wünscht sich das Gesicht,
raus und in das Licht zu gehen,
doch die Kraft dazu, die hat es nicht.

Herbst

Wozu noch beschreiben, es ist das immergleiche
Bild,
es lohnt fast nicht, an dieses Grau noch Worte zu
verschwenden.
Es scheint fast, als ob die Schwerkraft nur im
Oktober gilt,
der Regen fällt und fällt und wird nie mehr enden.
Ein welkes Blatt hängt still und wartete drauf,
dass irgendwann
der Wind es nimmt, um es, wie's heißt, nach
Haus zu wehen.
Es tut schon so, als ginge es das Leben nichts
mehr an.
Ist das gerecht? Es ist viel einfacher zu gehen.

Dämmerung

Welch ein Abend, und welch eine Nacht!
Die Bäume schwanken, doch die Fragen
schweigen.
Es ist ein Abend, wie dazu gemacht,
um meinem kranken, dummen Herz zu zeigen:
du hast zu viel gefragt, zu viel gedacht.

In solchen Nächten kannst du Flügel kriegen,
dich fallen und dich tragen lassen,
und durchatmen, und vielleicht wieder fliegen,
doch warum das ist, das wirst du niemals fassen.
Man möchte weinen dürfen, und ganz stille
liegen.
Und glauben können, und die Angst besiegen.

Wenn du jetzt versuchst, etwas zu fragen,
dann wird es darauf keine Antwort geben,
und keinen Trost für alle deine Fragen
als: hier und jetzt, das ist das Leben.
Und wenn du glaubst, du müsstest etwas sagen,
in diesem Zauber, über die Lasten die wir tragen,
dann wird es dunkel – wie an allen Tagen.

Noch nicht nicht mehr

Die schlimmen Zeiten, das sind nicht die
schlimmen,
sondern immer die Zeichen dazwischen,
die Zeit, die Instrumente nachzustimmen
und die Karten neu zu mischen.
Die Zeit, wenn etwas Altes vorbei ist,
und das Neue noch nicht begann,
wenn das Herz noch immer dabei ist,
die Zeit zu bedenken, die verrann.
Man hat noch nicht verstanden, was man verliert,
und doch fühlt man sich seltsam leer.
Noch weniger versteht man, was kommen wird,
und auch ohne Grund fürchtet man es eher.
Es ist eine Wartezeit auf das, was wir nicht
kennen,
und wir sind ungeduldig. Und doch muss es sie
geben,
als Unterbrechung, um das Alte vom Neuen zu
trennen.
Was machst du mit der Zeit? –„Ich vertreibe mir
mein Leben."

Nein, die Wunden sind noch nicht verheilt.
Die Schmerzen sind mir wie im alten Spiel
„Hase und Igel" – bin schon da! – vorausgeeilt.
Manchmal wird mir das alles viel zu viel.
Wisst ihr noch? „Wer auf sein Elend tritt,
der wächst", das habt ihr mir gesagt.
Doch ich weiß jetzt: das Misstrauen wächst mit.
Erinnerung kommt hinterrücks und ungefragt.
Hab ich denn wirklich den Mut besessen,
euch zu glauben? Es sind nur Zweifel geblieben.
Doch bei allem Unglück: ich möchte nicht
vergessen,
wie schön es ist, zu glauben, zu vertrauen und zu
lieben.

Neuanfang

Und plötzlich sind da wieder Leute
in deiner Welt und sehen alles neu
und sagen dir, dass gestern vorbei
ist, und dieses hier ist heute.

Was du warst macht was du bist.
Sie nehmen das hin, das du zeigst,
und fragen nie, was du verschweigst,
bist du es selber fast vergisst,

bis die alten Wunden endlich heilen.
Du lachst mit ihrem Lachen.
Warum dich ihre Blicke leichter machen?
Sie sehn dich frei von Vorurteilen.

Baltrum

Lass das Meer durch meine Seele spülen
und rauschen in meinem Verstand.
Lass mich Wind an meinem Körper fühlen
und an den Füßen warmen Sand.
Lass mich einfach meine Last abladen
und den Strick lösen um meinen Hals.
Lass die Sonne mich in Strahlen baden
und die Seeluft mich in Salz.
Ein krummer Weg führt mich nach hier,
auf diese Insel hab ich mich gerettet.
Lass die Steine weich sein unter mir,
von Wind und Wellen geglättet.
Lass mich noch die Möwen sehen,
von nichts als Luft getragen.
Lehre mich dann weitergehen,
ohne nach dem Weg zu fragen.

Wind

Kirschblüten wie Schnee auf dem Boden,
Löwenzahn, gelbe Pinseltupfer im Gras,
wie versehentliche Kleckse in der falschen Farbe.

Liebe – welch ein großes Wort,
welch alltägliche Gefühle.
Oder nur unbekannte Gefühle?

Schön, hier laufen zu können,
wenn man nichts tun muss
als sehen, hören, riechen, fühlen.

Junges Getreide im Wind
Sieht beinahe aus wie Wellen.
Wind zu spüren macht irgendwie frei.

Traurigkeit – einen Schritt weit weg,
zwischen den verworrenen Gedanken
über dich und mich und-

Schön, nicht denken zu müssen,
sondern umfangen und gestoßen
und befreit und getragen zu werden.

Hast alles schon gefühlt, Verlust und Liebe,
Schmerz, Erfüllung, Glück und Trauer.
Sind sie auch alle nicht von Dauer,
scheint es doch, als ob ihr Echo bliebe,
ein Ton der leiserwerdend weiterklingt
und unbemerkt das Ganze prägt,
dann wenn etwas ihn erneut anschlägt,
noch Jahre später uns zum Schaudern bringt.

Heimfahrt

In den Wäldern ist schon Nacht.
Da drüben steht die Sonne noch.
Ich habe viel an dich gedacht.
Ich wollte nicht und musste doch.
Nicht viele Lebewesen sind noch wach.
Die Mücken tanzen im letzten Licht.
Mit dir zu reden ist so furchtbar einfach.
Es ging so schnell. Ich verstehe es nicht.
Weiter oben steht wartend der Mond.
Ich werde diesen Tag vermissen.
Wer weiß schon, ob sich so etwas lohnt.
Vielleicht ist es besser, nichts zu wissen.
Die Welt wird morgen neu geboren.
Vorerst liegt ein Schatten auf dem Land.
Du hast, so scheint es, dein Herz verloren,
und ich wohl nur meinen Verstand.
Die Nacht ist da, um zu verstecken.
Es ist, als ob die schnelle Zeit stillsteht.
Komm, lass uns morgen neu entdecken,
wie unsere Geschichte weitergeht.

mehr muss nicht sein

rede mit den anderen mehr als mit mir
aber wenn du auf meine worte eingehst
tu es ein wenig ausführlicher als nötig

weiche all meinen blicken aus
aber wenn du in meine augen siehst
sieh ein wenig tiefer als nötig

lache über jeden witz der gemacht wird
aber wenn du mich anlächelst
lächle ein wenig wärmer als nötig

ignoriere mich einen ganzen abend lang
aber wenn du dich verabschiedest
umarme mich ein wenig länger als nötig

tu nichts außergewöhnliches
aber lass mich glauben du magst mich
so lange wie möglich

Als sie in ihr Auto stieg, war es bereits dunkel. Die Straßenlampen der Straßen, durch die sie fuhr, standen in Reih und Glied, als verrichteten sie unwillig ihren Dienst. Wenn sie an ihnen vorüber fuhr, schienen selbst die Schatten ihres Wagens sie zu überholen, spottend ihrer Langsamkeit. Auf dunklen Wegstrecken sah sie ihren Schatten auf Büschen und Getreide, sie erschien nur als Block, der definiert wurde durch das Licht, das ihm fehlte.

Am Zielort traf sie jemanden, mit dem sie verabredet war, seine Worte rollten an ihr vorbei, sie wusste, dass sie antwortete, aber sie nahm nichts als seine Augen wahr. Sie versank in diesen Augen, fiel durch Wimpern und Hornhaut, stürzte durch das Grün der Iris. Und plötzlich sah sie nur noch sich selbst, sich in seinen Augen.

Als sie zurückfuhr, sah sie ihren Schatten auf Getreide und Büschen, einen Block, der sich definierte durch das Licht, das er ausstrahlte. Fuhr sie an einer Lampe vorüber, so sah sie in ihren Schatten sich selbst vorübertanzen, leicht und ungebremst. Und die Straßenlampen standen aufrecht und strahlten an dem Weg, der ihr Weg war.

Das Dunkel, eine schwarze Wand
draußen vor den Scheiben.
Komm, gib mir deine Hand.
Willst du wirklich nicht noch bleiben?
Willst du wirklich jetzt schon gehen?
Ist es denn nicht schön gewesen?
Lass mich in deine Augen sehen,
meine Fehler darin lesen.
Halte mich, so fest es geht,
lass uns die Vorhänge zuziehen.
Lass uns, wenn die Sonne aufgeht,
sehen, wie die Schatten fliehen.

Und was ich hab und was ich bin
das bin ich einzig wegen dir
Was ich tu macht einzig Sinn
im Zusammenhang mit dir
Mein Leben führte zu nichts hin
als einzig nur zu dir
Wie ich die Zukunft sehen kann
ist immer nur mit dir
Erst durch dich nimmt die Welt Formen an
die schönsten Formen gab sie dir
Wenn ich das Leben verstehe dann und wann
dann weiß ich ich verdanke es dir

Nachher allein

Und wieder bist du mit deiner Liebe allein,
und weißt wieder: er wollte sie nicht.
Du weißt genau, es wird nie sein,
wird nie mehr sein als ein Gedicht.
Manchmal denkst du: nur einen Kuss!
Es ist ein Gedanke, der dich betrügt,
der vor ihm immer versteckt bleiben muss,
denn du weißt, dass nur ein Kuss nie genügt.
Vielleicht flüstert dein Herz dir ein:
es könnte alles so schön sein, wenn….
Doch es wird nie wie deine Träume sein,
und wäre auch enttäuschend, wenn.
Also hör auf, ihm deine Liebe aufzudrängen,
du merkst doch, dass er sie nicht will.
Lausch deinem Herz wie fernen Gesängen
und sage ihm dann: sei still.

1

Deine Fassade ist wirklich gut,
man ahnt nie, was dahinter liegt.
Trauer, Sehnsucht, Angst und Wut?
Weißt du selbst, was gerade überwiegt?
Die Dinge, die dir die Kehle zuschnüren,
bis kein einziger Ton mehr hinaus will,
die kann ich fast körperlich spüren.
Manches erträgt man nur still.
Viele Dinge haben mehr Gewicht,
als wir im ersten Moment meinen.
Du sagst, zum Heulen reicht es nicht.
Nichts wird besser nur vom Weinen.
Du brauchst mir gar nichts zu sagen,
von all dem, worüber man nicht spricht.
Jeder von uns hat seine Last zu tragen,
und helfen kann ich dir sicher nicht.
Vielleicht hab ich schon zu viel gesehen,
und du wolltest all das gar nicht zeigen.
Es ist nicht leicht, dich zu verstehen,
denn das meiste bleibt das Schweigen.
Ich will dich zu gar nichts zwingen,
und ich bin sicher weit genug weg von dir.
Doch willst du reden von all diesen Dingen,
dann sag bescheid. Dann bin ich hier.

2

Ich kann keinen Reim darauf finden,
was du für mich bist.
Die Gefühle verschwinden,
als ob ihnen unangenehm ist,
wenn mein Blick auf ihnen ruht,
so dass ich sie kaum erkenne.
Ich weiß nur, du tust mir gut,
egal wie ich das ganze nenne.

3

Du sagst mir, ich könnte dein Kind sein.
Du sagst mir, wie verschieden wir sind.
So weit zählen, das kann ich allein.
Aber sieh hin – ich bin kein Kind.
Du sagst mir, du willst nichts von mir,
und bist mir dabei so unglaublich nah.
Ich will doch auch gar nichts von dir,
will dir nur sagen: bitte bleib da.
Ich will dir mein Leben erzählen,
und es sehen, wie du es siehst.
Gedanken, die mich bis heute quälen,
werden leichter, wenn du sie liest.
Kannst du meine Nähe ertragen,
wenn ich mich selbst oft kaum ertrag?
Du kannst mir so vieles nicht sagen,
auch wenn ich dich noch so oft frag.
Ich würd gern deine Gedanken teilen,
so wie du ein Teil von meinen bist.
Sieh hin, lies zwischen den Zeilen,
was zu sagen mir nicht möglich ist.

4

Ich spüre, ich sehne mich nach dir,
und danach, dich anzufassen.
Ich kenne das nicht von mir,
und will dich das nicht merken lassen.
Die starken Impulse unterdrücke ich,
leider gelingt mir das nicht voll.
Ich fühle mich beinahe lächerlich,
weil ich liebe, wen ich nicht soll,
und nicht will, was ich begehre.
Ich fürchte, man kann es mir ansehen.
Und in aller Leichtigkeit und Schwere
mag ich mir das selbst kaum eingestehen.

5

Meine Angst davor, dich zu verlieren,
hast du schon vor langer Zeit erkannt.
Ich weiß doch: es wird passieren.
Du rinnst wie Sand durch meine Hand.
In meinen Träumen tauchst du auf,
von fern, und musst gleich wieder fort,
wie eine Flucht, im schnellen Lauf,
und sprichst dabei mit mir kein Wort.
In anderen Träumen sitz ich neben dir,
schweigend, eng an dich gepresst,
genieße doch sehr die Nähe zu dir,
und warte darauf, dass du mich verlässt.
Es fiel mir nicht besonders schwer,
diese Träume zu verstehen.
Manchmal vermisse ich dich so sehr,
als wolltest du tatsächlich gehen.

6

Ich höre, wie meine Worte verhallen,
wie in einem weiten, hohen Raum.
Ich sehe sie taumeln und fallen,
wie Blätter von einem viel zu großen Baum.
Hilflos stehst du mittendrin,
und versuchst, sie einzeln aufzuheben.
Der Stapel reicht dir bis ans Kinn.
Du kannst mir keine Antwort geben.
Einige sehr große Fragen
liegen unter Belanglosigkeiten begraben.
Ich kann dir kaum noch sagen,
welche davon noch Bedeutung haben.
Es macht mich traurig, das zu sehen.
Lass uns lesen, was das Leben schreibt,
lass den Wind die Blätter verwehen.
Was für uns wichtig ist, das bleibt.